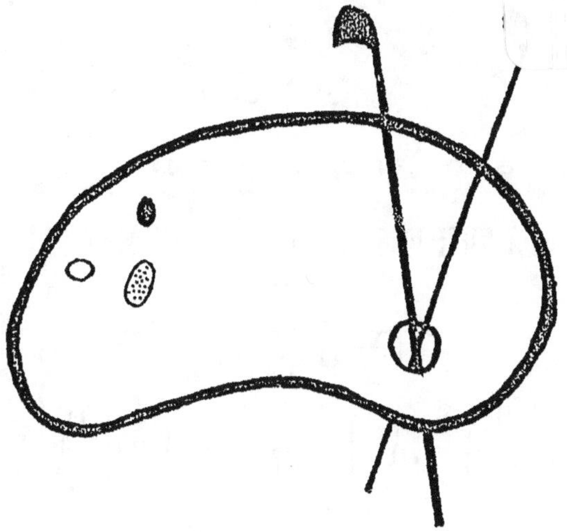

DEBUT D'UNE SERIE DE DOCUMENTS
EN COULEUR

OUVERTURE DE LA CONFÉRENCE

APERÇU
SUR L'ÉTAT ACTUEL DU BARREAU
EN EUROPE

DISCOURS DE RENTRÉE

Prononcé à la Séance du 11 Décembre 1882

Par F.-Fr. DE SAINT-CHARLES

Docteur en droit, Avocat à la Cour de Lyon

LYON

IMPRIMERIE MOUGIN-RUSAND
3, Rue Stella, 3

1882

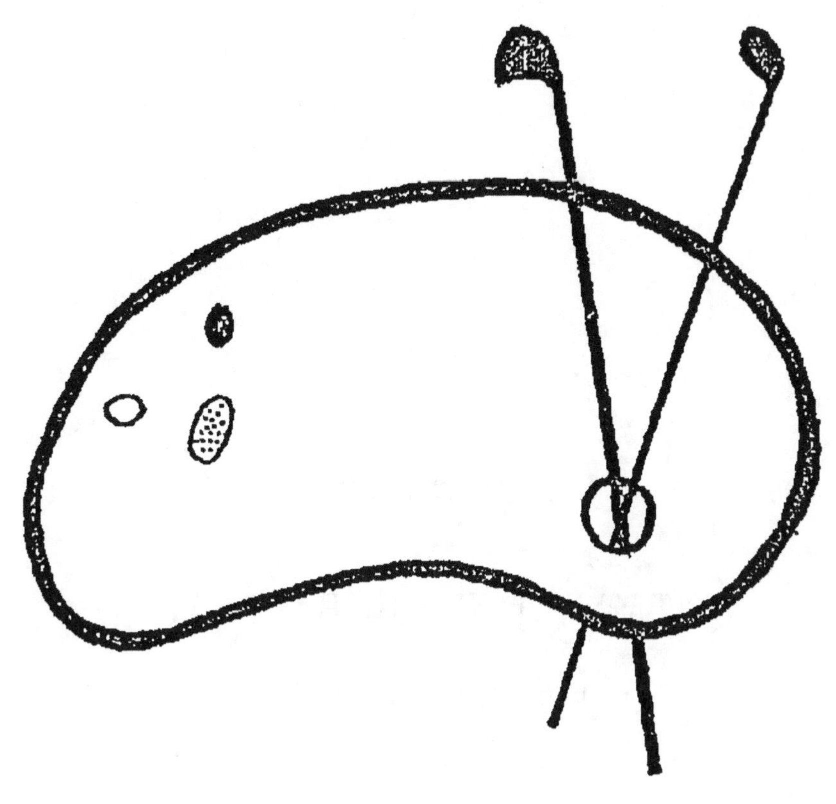

FIN D'UNE SERIE DE DOCUMENTS
EN COULEUR

APERÇU

SUR

L'ÉTAT ACTUEL DU BARREAU

EN EUROPE

OUVERTURE DE LA CONFÉRENCE

APERÇU
SUR L'ÉTAT ACTUEL DU BARREAU
EN EUROPE

DISCOURS DE RENTRÉE

Prononcé à la Séance du 11 Décembre 1882

Par F.-Fr. DE SAINT-CHARLES

Docteur en droit, Avocat à la Cour de Lyon

LYON
IMPRIMERIE MOUGIN-RUSAND
3, Rue Stella, 3
—
1882

DISCOURS DE RENTRÉE

DE LA

CONFÉRENCE DES AVOCATS STAGIAIRES

Prononcé à la séance du 11 Décembre 1882

Monsieur le Batonnier,

Messieurs et chers Confrères,

Les institutions humaines, comme les créatures
ont une vie, un caractère, une physionomie. Leur
histoire est celle de l'humanité elle-même. Leur
étude force celui qui s'y livre à chercher le simple
pour comprendre le composé. Il doit scruter
l'homme, ses idées, ses mœurs, pour découvrir les
causes des transformations soudaines, des chan-
gements progressifs. Sous ce patient examen, ce
qui semble accident devient raison. Chaque révolution, quel que soit l'ordre où elle s'accomplit,
social, politique, familial, paraît invinciblement
entraînée par le cours des idées, par les tendances
de l'individu. L'historien ne procède plus aujour-

d'hui comme procédaient les moines, rédacteurs de nos antiques annales. A l'historien se joint le philosophe. Au lieu d'une sèche énumération de misères ou de victoires, son livre est un traité de morale où, de l'enchaînement des faits, se dégagent d'admirables enseignements. Il ne se contente plus d'enregistrer les résultats, il en note les causes. Il nous montre l'homme à côté des actes de l'homme et alors nous les comprenons vraiment, et si nous savons juger, sans parti pris, nous pouvons en tirer les leçons les plus fécondes. C'est l'histoire telle qu'on l'écrit de nos jours, Messieurs, c'est l'honneur de la science moderne, et quand à la précision, à la profondeur de l'analyse, à la noblesse de la pensée s'ajoute la magie du style, quand le livre est de Guizot ou de Macaulay, pour ne parler que des morts, on peut dire qu'un grand progrès est accompli et qu'une conquête précieuse s'est ajoutée à toutes celles de l'esprit humain.

Ce serait, Messieurs, un simple chapitre de cette grande histoire, que l'étude des origines et des destinées de notre Ordre non seulement en France, mais encore à l'étranger. Voir comment le génie de chaque peuple a compris à chaque époque le droit de la défense. Chercher, par exemple, si les Avocats partagent l'antique honneur de la Magistrature, s'ils ont su mériter par leur caractère et leurs traditions ce magnifique éloge donné aux Avocats de France par le chancelier d'Aguesseau. Ce serait faire revivre l'Avocat à nos yeux. On le suivrait à la barre, dans son cabinet de travail, dans la société. On le verrait à ses débuts, comme Allan Fairford, de Walter-Scott, stagiaire, en proie à un de ces terribles clients de l'Assistance judiciaire, écoutés avec tant de soins, et dont les procès embrouillés font douter le novice des leçons de l'école. On entendrait les causeries du sage Pasquier, rappelant à ses amis et apprenant à ses jeunes confrères les traditions de l'Ordre. On envierait l'éclat du triomphe de l'illustre défenseur de Warren Hastings, plaidant devant la Cour et les Pairs d'Angleterre, devant la plus auguste Assemblée, la plus noble assistance qui fût au monde. Macaulay a su la dépeindre, il l'anime à nós yeux au point que nous croyons voir et entendre cette scène sans égale peut-être dans les annales du Barreau. Mais, Messieurs, ils sont rares les jalons qui marquent cette route ; elles sont clair-semées ces peintures si vivantes où l'on revoit, avec leur costume et leur visage, les Avocats, nos ancêtres, nos contemporains à l'étranger. Pourtant quel charme captivant s'y rencontre! Quels encouragements, quelles leçons! Savez-vous qu'en 1792, lorsque les Juges, je n'ose dire les Magistrats, étaient soumis à l'élection, la Faculté de Droit de Paris, ce berceau de tant d'éminents génies, n'ouvrit pas son registre d'inscriptions! Savez-vous quels dédains frappent la plupart des défenseurs dans les pays où n'existent pas les traditions de notre Ordre. Pour ne parler que de la France, lisez, Messieurs, les quelques études faites sur les origines du Barreau, sur son rôle pendant la Révolution. Rappelez-vous le discours que prononçait, l'an dernier, à cette place, notre confrère Huguet, les titres qu'il énumérait, les portraits qu'il traçait et avec quel talent ! Nous étions sous le charme. Ne vous semblait-il pas que nous avions une part de la gloire immortelle de ces illustres Confrères, dont M⁰ Huguet citait les noms, rappelait les efforts, les succès éclatants et les vertus discrètes. Quelle puissante émulation pour nous qui n'étant rien encore pouvons tout espérer ! Quels enseignements ! Comment ne pas être fidèlement attachés aux règles de cet Ordre que ces Avocats portèrent si haut. Noblesse oblige, Messieurs, et il est bon de relire fréquemment notre armorial, nos parchemins, pour écarter toute faiblesse, tout abandon à je ne sais à quel idéal de réformes, idéal menteur, car il est contraire à ces traditions fameuses que notre Ordre tient à honneur de conserver, qui font sa force et sa gloire.

Mon confrère, M⁰ Huguet, vous parlait l'an dernier de la plaidoirie contemporaine en France. « J'écoute encore et il faut que je parle », disait M⁰ Crémieux prenant la parole après M⁰ Sauzet. Je veux, messieurs, ouvrir le même livre, étudier aussi une page de l'histoire de notre Ordre, et tenter d'esquisser devant vous l'organisation et les tendances du Barreau étranger à l'heure actuelle.

Ah, Messieurs, il faudrait des forces plus grandes que les miennes pour vous représenter le Barreau étranger ! Il faudrait un peintre digne de la peinture. Il faudrait des volumes. Que de traits j'ai dû négliger, combien m'ont échappé. Que de détails charmants, sans prix, pleins d'intérêt, j'ai dû retrancher de cette simple étude. Je m'attardais, avec complaisance à une tradition, à une figure, à un texte de loi, à un souvenir historique, qui m'étaient indiqués par les éminents Confrères auxquels j'ai eu recours à l'étranger. J'aurais voulu vous apporter seulement leurs lettres sans y rien changer et vous auriez mieux vu cette physionomie que je vais essayer de tracer. C'est une ébauche ; c'est un moment saisi dans le temps ; heure de transition peut-être mais qui apporte son contingent à l'avenir. Effet aujourd'hui, cause demain. Je vous le disais tout à l'heure, l'histoire d'une institution comporte son examen à chaque époque, et chaque époque donne son enseignement. Eh bien, Messieurs, j'ai voulu écrire une page, une ligne dans cette histoire, en vous parlant du Barreau à notre époque, en Europe.

Dans la grande famille Aryenne qui se partage aujourd'hui l'Europe, on peut distinguer à un point de vue très général, quatre ou cinq groupes séparés, de mœurs, de caractère, de race. Sur l'ébauche d'une carte on aperçoit à la ligne de partage des eaux quelques grands fleuves. Ils s'écoulent sur des pentes diverses, s'éloignent de plus en plus, baignent les pays les plus différents par le climat, et pourtant leur source est voisine. Le Rhône et le Rhin sortent du massif du Saint-Gothard ; l'un court à la mer tout ensoleillée, à travers la riante Provence ; l'autre touche à l'Océan gris du nord, sous les brumes de la Hollande. Les Latins, les Germains, les Slaves, les Anglo-Saxons ont eu une origine commune. Aujourd'hui qui pourrait la reconnaître ? Les climats sous lesquels vivent ces peuples sont différents ; la race change, les tendances, les idées changent aussi. Si quelque institution se retrouve chez tous ces peuples, s'ils en ont compris l'utilité, nous allons la voir suivant le milieu, la race, le moment, où nous l'étudierons, profondément modifiée. Chaque peuple l'aura frappée au coin de son génie particulier. C'est là que réside l'intérêt des études de législation comparée, car on rencontre en elles la pensée humaine dans ses divers développements. Tous ces peuples, messieurs, connaissent maintenant des Avocats. Je ne parlerai pas de l'Islam : la Turquie a un Barreau comme elle a une constitution. Pour les autres Etats, ce serait une curieuse étude que de rechercher dans chacun d'eux l'histoire des Avocats, et depuis combien de temps on a le droit de se faire défendre. Vous verriez qu'en Portugal on a chassé les Avocats du royaume, tout comme des Jésuites. Vous verriez que Frédéric II, le Frédéric de Voltaire, aimait encore moins les avocats que Napoléon. Mais faisons table rase du passé et bornons-nous à envisager les monuments des législations actuelles où doivent se réfléter les idées, les tendances des diverses races.

I

BARREAUX GERMANIQUES

La race Germanique est lourde et disciplinée, philosophe et pédante, idéaliste et logicienne. Elle produit d'excellents grenadiers et des philosophes renommés. Ce ne sera point le pays du Barreau. Le style allemand, ce style de Kant et de Fichte s'adaptera bien mal à la plaidoirie ; ce style qu'un Anglais, Carlyle, l'historien de Cromwell, a qualifié de *clair de lune transcendental*. C'est bien un pays d'association ; les gildes sont toujours en honneur ; mais d'un autre côté, le régiment est un peu trop un idéal de poiitique et de gouvernement, pour que le Barreau puisse avoir la liberté d'allures, le plein air, qui lui est nécessaire pour vivre. Il naîtra, mais il ne pourra pas se soutenir par lui-même, ni faire sa place de vive force. Le rapide mouvement de la plaidoirie n'est pas dans le génie de la race. Si l'Etat, si le gouvernement s'en occupe, ce sera pour commander la manœuvre ; alors adieu la liberté. Enfin la plaidoirie ne sera rien, la procédure tout. De là, il y aura des jurisconsultes et non des

Avocats. Le jurisconsulte dirigera l'affaire dans
ses diverses phases. Il parlera devant les Tribunaux, quand on lui en donnera une permission
d'ailleurs peu demandée. Il fera les actes ; il sera
avoué, avocat, tout ensemble. Il pourra être fort
habile ; il n'aura pas la hauteur de vues, la noblesse de pensées, le désintéressement, faut-il le
dire, qu'inspire une vie vouée à des travaux toujours
élevés. C'est dans le livre d'un Magistrat bavarois,
M. Zink, que je lis cette phrase :

« A peine les Avocats sont-ils descendus dans
« l'arène judiciaire, que tous les bons sentiments
« s'évanouissent. L'amour de la vérité, la cons-
« cience, la raison, la bonne foi, tout disparaît.
« Ils se tiennent pour absolument dégagés en
« exerçant leur profession d'avocat, de toute hon-
« nêteté dans la procédure, et c'est sans la plus
« légère émotion, sans le moindre scrupule qu'ils
« mentent, trouvant pour excuse les vieux us et
« et coutumes ».

L'ouvrage date, il est vrai, du milieu de ce siècle.
Mais les idées que je vous indiquais sont bien
celles qui ont dû présider à la naissance du Barreau allemand et en gêner l'expansion. En voulez-
vous des preuves ? Quand un grand mouvement
national s'est produit dans les pays Germains, en
1813, par exemple, en 1871 ; on a vu à la tête des
peuples, des philosophes, des poètes, des hommes
de guerre, des diplomates. Mais jamais on n'a
entendu, appelant le peuple à l'indépendance ou à

la révolte, sauveur de la patrie ou tribun agité
d'ambitions séditieuses, jamais dis-je, on n'a entendu un Avocat, une voix éloquente, nourrie dans
le Barreau, exercée par ses luttes. On peut dire
au contraire qu'en Allemagne l'opinion publique
est hostile aux Avocats. Rien de plus obscur que
leur histoire.

Comment la loi les a-t-elle traités ? Jusqu'à ces
derniers temps la législation variait à la frontière
de chacun des Etats de l'Allemagne, et les fron-
tières étaient bien voisines. Sur le Rhin, dans les
villes libres, au Sud-Ouest, dans les Etats les
moins importants, il est vrai, l'influence française
avait relativement réussi à se faire jour. Les
Avocats et les Avocats-avoués, car on rencon-
trait ces deux catégories, jouissaient d'une appa-
rence de liberté dans l'exercice de leur profession.
On exigeait d'eux certaines garanties de capacité ;
ils étaient surveillés de près, mais enfin il y avait
des Avocats. En Prusse, en Bavière, en Hollande,
en Saxe, c'est-à-dire dans les principaux
royaumes, le Barreau était fermé ; les avocats
étaient des fonctionnaires nommés par le Ministre
de la justice. L'étudiant prussien, sorti de l'Université, devenait *référendaire*, après un premier
examen passé devant des professeurs de Droit,
et des membres du Tribunal et du Parquet.
Le référendaire pendant son stage de quatre ans
était successivement attaché, à un Tribunal de
première instance, à un Tribunal d'appel, au
Parquet d'un Procureur d'Etat, à une étude d'Avo-

cat. Ses travaux étaient consignés dans un véritable livret d'ouvrier, livret visé chaque mois par le Magistrat auprès duquel le stage s'accomplissait. Ce stage écoulé, le référendaire subissait devant des Magistrats le grand examen d'Etat, et pouvait alors être nommé *assesseur*. Dans cette dernière situation peu lucrative, il attendait le bon plaisir du Ministre qui faisait de lui un Avocat ou un Magistrat. C'est en effet un trait à ne pas oublier que la similitude des conditions et des épreuves, demandées pour le Barreau et la Magistrature. Telle est aujourd'hui la règle générale en Allemagne. La loi d'Empire du 1er juillet 1878 sur les Avocats-avoués, édicte dans son article premier que les conditions d'aptitude pour le Barreau sont les mêmes que celles exigées pour la Magistrature.

Lorsque le Reichstag discuta le projet de loi, il commença par déclarer que le Barreau était *ouvert*. Qu'est-ce à dire ? Aujourd'hui dans l'Empire allemand, les candidats du Barreau y sont admis par le ministre de la justice sur l'avis du Conseil de la Chambre des Avocats(1). Voilà la grande réforme. Et selon ses attributions et ses règles, la Chambre des Avocats va constituer l'élément d'un Barreau, ou n'être qu'une association syndicale de fonctionnaires, d'employés.

La Chambre des Avocats comprend les Avocats inscrits près d'un Tribunal supérieur; ils élisent

---

(1) Art. 3, 5, etc. 41, 43, 49, loi citée.

tous les quatre ans un Conseil de neuf membres, qui, à son tour, choisit un Président. Ce Conseil est chargé de la discipline, fort sévère si l'on combine la loi de 1878 et le Code pénal prussien de 1870. Les Avocats qui ont contrevenu à ces règles sont traduits devant un Tribunal composé de cinq membres du Conseil. L'appel de leur décision est porté devant une autre juridiction formée de quatre Magistrats du Tribunal d'Empire et de trois Avocats d'Empire. Les débats sont secrets.

La Chambre des Avocats prend des résolutions d'ordre intérieur ; mais le Président du Tribunal peut les casser. Ce magistrat exerce sur la Chambre des Avocats une haute surveillance et transmet chaque année au ministre de la justice un rapport sur ses opérations.

Je vous le disais, Messieurs, la Chambre a acquis le droit de présenter les candidats au Barreau. Le ministre a le droit de refuser l'admission si le candidat est indigne, et les cas d'indignité sont prévus par la loi ; et en outre si, depuis qu'il a passé l'examen d'Etat, le candidat est resté trois ans sans remplir de fonctions publiques. Une fois nommé, l'Avocat doit résider au siège du Tribunal près lequel il est inscrit et d'abord y fixer son domicile dans les trois mois sous peine de perdre son titre. S'il est inscrit, à plusieurs Chambres, il doit avoir un représentant devant les Tribunaux au siège desquels il n'est pas domicilié. Il ne peut s'absenter sans prévenir le Président du Tribunal. Le costume est réglé par décret ; est réglée aussi ıa langue qu'on parle à la barre. C'est l'Allemand, même en Alsace (1).

Une des anciennes règles dont je vous ai parlé était la *localisirung*. L'Avocat ne pouvait exercer son ministère que devant le Tribunal où il était inscrit. Le principe a été maintenu pour les affaires où le ministère de l'Avocat est exigé (2). Dans les autres cas, l'avocat peut assister les parties devant tous les Tribunaux d'Allemagne, sauf le Tribunal d'Empire. Cette juridiction suprême n'admet devant elle que les Avocats *dits d'Empire*, nommés par le *Præsidium* du Tribunal.

L'application actuelle de la *localisirung* met bien en lumière les divers roles de l'Avocat. Il plaide, mais de plus il assiste les parties, dans le sens le plus général du mot. Il donne l'authenticité aux actes, il est avoué, notaire. Il conduit toute l'affaire. Ses honoraires, à ces titres divers, sont réglés par une loi (3). Je n'y suivrai pas le législateur dans les détails où il se plonge, en matière civile, criminelle, commerciale. Tant pour la procédure, tant pour la plaidoirie ; tant pour le délit, tant pour le crime ; tant devant le Tribunal des échevins, tant devant la Chambre criminelle. C'est la règlementation à outrance et c'est un minimum. La loi admet, en effet, que sauf certains cas, l'Avocat peut convenir d'honoraire à son gré ; mais si le

---

(1) Loi du 14 juillet 1871.
(2) Art. 26, 27, loi 1878.
(3) Loi du 7 juillet 1879.

client se plaint, le Conseil des Avocats réduira au tarif légal. Je dois dire que les Chambres prussiennes ont opposé à cette loi une certaine résistance. Elle n'en a pas moins été votée, avec l'article qui permet à l'Avocat de retenir les pièces jusqu'à parfait paiement.

Notez, Messieurs, cette réunion des fonctions d'avocat et d'avoué; notez ce système de procédure; vous verrez qu'il y a là une tendance qui va gagnant du terrain chaque jour. En Hollande, dans ce pays resté quelque temps sous l'influence française, les Avocats étaient séparés des Avoués. Peu à peu, les avoués, les procureurs dits gradués avaient été admis à plaider. Une loi du 23 avril 1879 (1) rend le ministère des avoués compatible avec les fonctions d'avocat. Chose curieuse, c'est moins des Avocats que des Avoués que s'occupe la loi. Elle consacre le triomphe de la procédure sur la plaidoirie. Nous devions nous y attendre dans des pays germaniques. En tant qu'Avocats, les membres de la corporation sont gouvernés par leur Conseil de discipline élu. Mais les avoués restent soumis à la surveillance disciplinaire des collèges judiciaires devant lesquels ils exercent leur ministère. On a fait remarquer avec justice un inconvénient capital de la réunion de fonctions d'avocat et d'avoué dans ces conditions, c'est le conflit de pouvoir qui va certainement avoir lieu entre ces deux autorités disciplinaires.

____

(1) Complétée par décret du 13 juin

2

Le Conseil des Avocats disparait devant les Tribunaux, au grand détriment de l'indépendance de l'Ordre. Presque partout, du reste, les Avocats se sont fait admettre comme Avoués. Or, les avoués sont nommés par le roi parmi les licenciés et docteurs des Universités hollandaises. Ils sont aussi révoqués par le roi.

Ce coup d'œil jeté sur les pays allemands gouvernés par des institutions monarchiques, examinons, si vous le voulez bien, les principales règles de la profession d'avocat dans les cantons républicains de la Suisse. Nous allons rencontrer des différences et aussi de grandes ressemblances. Les fonctions d'avocat et d'avoué sont réunies et les frais tarifés (5) ; presque dans tous les cantons, le Barreau est libre. Voilà les traits essentiels ; mais il convient de les expliquer.

Le Barreau est libre ! C'est-à-dire que tout citoyen suisse ayant fait certaines études, passé certains examens, satisfait à certaines conditions, peut exercer la profession d'avocat. Dans le seul canton d'Uri, les Avocats sont de véritables fonctionnaires ; le *Lands-gemeinde* les nomme pour quatre ans. Ailleurs, à Genève par exemple, on est avocat comme on est médecin. Pas tout à fait cependant. Les Avocats sont soumis à un tarif et placés sous la haute surveillance des Tribunaux. Vous trouverez dans les lois récentes une tendance

----

(5) Genève, loi du 22 juin 1873.— Appenzel, loi du 25 avril 1880. — Thurgovie, loi du 11 avril 1880. — Vaud, loi du 25 novembre 1880.

de plus en plus marquée, à faire dépendre le Barreau de l'administration de la justice. Je vous montrais tout à l'heure en Hollande un Conseil de discipline élu ; en Suisse il n'en est pas question, et, quand un Avocat exige des honoraires trop élevés, c'est devant le Tribunal qu'on va se plaindre et faire ramener la somme au tarif général.

En Suisse, il y a des Avocats ; il n'y a pas de Barreau. Dans ce pays qui a lutté si vaillament pour son indépendance, le principe de la liberté de la profession a été adopté. Mais il a été compris comme une simple application de la liberté du commerce. L'exercice de la profession est un négoce, et la justice intervient pour vérifier la valeur de la marchandise et s'assurer que le marchand offre les garanties nécessaires. Chose étrange, à Vaud la profession d'avocat est incompatible avec les fonctions politiques, celles de Conseiller d'Etat par exemple. N'est-ce pas une preuve qui démontre que ce Barreau encore jeune, il est vrai, n'occupe pas dans l'Etat le rang que l'Ordre a obtenu de l'opinion publique dans les pays voisins.

II

BARREAUX SLAVES

Passons, si vous le voulez, de la race germanique à la race slave, sa voisine. Les Slaves sont braves et poètes, soumis et passionnés, attachés à leurs traditions religieuses et monarchiques. Mais ils ont subi trop longtemps l'influence allemande. Aujourd'hui elle s'écroule sous la haine des peuples, en Russie comme en Autriche. Elle fait enfin place aux vraies idées, aux inspirations naturelles du Slave. Mais la trace de cette conquête a été fortement imprimée. La Russie en a gardé la bureaucratie à outrance qui l'étouffe. L'Autriche est plus au sud. Le climat a eu son influence sur la race ; l'éclosion a été un peu plus hâtive. Mais elle est encore à demi enveloppée dans tous les oripeaux du Saint-Empire romain ; routine du Bas-Empire, routine allemande entées l'une sur l'autre. Auprès du Code de Procédure Autrichien, l'argumentation Scholastique paraît simple.

Sur de telles bases, quelle place aura pu se faire le Barreau ? Nous allons rencontrer deux influences : l'étrangère d'abord, l'Allemande ; puis l'influence nationale, Slave. De la première nous avons déjà étudié les résultats. Pour la seconde, nous en verrons en Autriche une ardente expansion. En Russie, nous n'aurons à relever que des jalons, des essais timides comme les pales aurores de ces pays du nord.

Commençons par l'Autriche. J'en ai fait un pays slave, parce que parmi les diverses races qui l'habitent, ce sont les tendances et les populations slaves qui prévalent aujourd'hui, et parce qu'il existe un courant tendant à rattacher les Slaves du Sud à l'Autriche, l'Empire d'Orient, *Ost Reich*.

Je vous parlais tout à l'heure du mouvement anti-germanique des pays slaves. Peut-être les échecs militaires qui ont placé l'Autriche hors de la Confédération allemande ont-ils eu une heureuse influence. L'Autriche a été rejetée au sud : il semble qu'elle y a trouvé son vrai caractère. Les grandes et sages réformes de l'Empereur, resté si populaire au milieu des trônes ébranlés, sont postérieures à Sadowa. L'élément Slave peut aujourd'hui se développer ; le caractère national se constitue. Ses premiers efforts, ses tendances généreuses, prouvent combien il lui a été favorable de se soustraire à la tutelle allemande. Au point de vue qui nous occupe, notamment, ce résultat ne peut faire de doutes.

Si les débats au civil se font encore par écrit, par mémoires, en revanche, la plaidoirie criminelle est née et se développe chaque jour. Les Avocats, plaident devant un jury créé par de récentes réformes.

Au dehors du palais, ils organisent les réunions publiques ; ils sont représentants ; ils parlent aux Chambres de l'Empire. Récemment, dans un grand débat sur la liberté religieuse, c'est un de nos illustres Confrères de Vienne, le Dr Muhlberg, qui a soutenu ces principes qu'il est du devoir de tous de respecter, et que notre Ordre, en France, défend si ardemment. (1)

Il y a donc des Avocats en Autriche, et vous voyez qu'ils commencent à jouer un rôle dans l'Etat comme à la barre. L'opinion leur est en général favorable, et chaque fois qu'ils en ont besoin, ils trouvent dans la Presse autrichienne un renfort toujours dévoué. Mais je dois mettre de suite sous vos yeux les ombres du tableau. Si la gloire est chez nous l'apanage de quelques-uns seulement des membres de notre Ordre, tous ont acquis le respect, la considération, l'estime de leurs concitoyens. En Autriche je n'oserais dire que tous les Avocats y aient le même droit. Un journal Autrichien écrivait l'autre jour, à propos des discours prononcés par des Avocats dans des congrès antisémitiques, que le vrai motif qui entrainait certains Avocats dans cette voie d'intolérance, était la jalousie de métier. On insinuait qu'ils joignaient à une profession peu lucrative celle de prêteur sur gages. Ce qu'il y a de vrai, c'est que l'Avocat est trop agent d'affaires et que sa situation est parfois si

---

(1) On ne peut passer sous silence les noms de Giska, de Berger.

délicate qu'il n'appartient pas à tous de rester sans reproche.

L'Avocat autrichien est en même temps avoué : *l'institution des avoués nous a toujours été inconnue,* me disait M. le Dr Neuda, l'illustre avocat de Vienne, dans une lettre qu'il me faisait récemment l'honneur de m'écrire. L'Avocat est aussi notaire. C'est lui qu'on charge de régler les affaires de famille, les successions, les séparations entre époux, les tutelles. Il reçoit un mandat révocable *utrâque parte,* mais si la partie révoque, l'Avocat n'en reste pas moins pendant trente jours, tenu de diriger l'affaire. Les honoraires sont librement consentis, et à défaut de convention, le Conseil de l'Ordre a pouvoir pour arbitrer la somme. Si on porte ce débat devant un juge, c'est devant celui qui a connu de l'affaire. Ici encore nous rencontrons l'intervention du Magistrat entre avocat et client.

Je viens de vous parler du Conseil de l'Ordre. C'est qu'en Autriche, il existe réellement un Ordre des Avocats, un Ordre maître de son tableau. Il se compose de tout Docteur en Droit, majeur de 24 ans, qui a accompli auprès d'un Magistrat un stage pratique de 3 ans. Le Conseil de l'Ordre le reçoit s'il le juge bon et le présente à la Cour d'Appel devant laquelle il prête serment. L'Avocat reste libre de changer de tableau à condition de prévenir le Conseil de l'Ordre (1).

L'Ordre a son Conseil et son chef indépendant

---

(1) Loi du 1er avril 1872.

du juge. Vous avez vu qu'en Allemagne il n'en est point ainsi et que la subordination du Barreau à l'autorité judiciaire, est au contraire un caractère distinctif des institutions germaniques. Ici voilà enfin un corps d'Avocats ; il est gouverné par un Président et deux Assesseurs, choisis par la voie de l'élection libre et secrète. L'un des Conseils est le Conseil de l'Ordre proprement dit. Tuteur des intérêts moraux et matériels de l'Ordre, c'est lui qui prend en main sa défense vis-à-vis du gouvernement, vis-à-vis des Magistrats. Naguère le Barreau de Vienne menaçait de mettre en interdit une Chambre du Tribunal. C'est lui qui tranche les différends entre Avocats et parties, et c'est de lui qu'ont vient prendre conseil dans les conjonctures délicates. Ce sont ses décisions qui vont former les traditions de ce jeune Barreau, et on peut dire qu'elles se rapprocheront des nôtres, en dignité, en désintéressement, en grandeur. C'est là le remède contre les tendances des Avocats, agents d'affaires, ce remède qui manque dans les pays germains où l'on a cru, par un tarif, remplacer ces traditions qui ne naissent que de la liberté d'un grand Barreau !

Le second Conseil est le Tribunal disciplinaire, juge des Avocats contre qui une plainte est portée. Voilà un souvenir des vieilles corporations que cette juridiction spéciale aux Avocats et puisée dans leur sein. C'est ainsi, que dans notre ancienne France, l'Université avait son Tribunal. Ce Conseil de discipline prononce des réprimandes,

des amendes, l'interdiction, la radiation. Les décisions qu'il rend sont sujettes à appel de la part soit des Avocats, soit du Procureur d'Empire. L'appel est porté devant la Cour suprême ; c'est à la plus haute juridiction de l'Empire qu'est confié le soin d'examiner, les décisions du Conseil des avocats. Cet honneur fait à l'Ordre vous permet de juger du rang du Barreau dans l'Etat, et de son avenir. Les hommes le préparent ; les lois libérales l'ont permis ; c'en est assez pour pouvoir en répondre.

Ces traits généraux suffisent à vous donner un aperçu de l'institution des Avocats en Autriche. Je dois ajouter, qu'il y a quelques années, le tableau aurait été bien différent. Je me serais borné à vous renvoyer simplement à l'Allemagne. Vous auriez vu l'effet de l'influence allemande dans l'organisation néfaste du Barreau ; les Avocats, fonctionnaires, en nombre limité, nommés selon le bon plaisir du Ministre, sous la haute main de l'Etat. Mais je vous le disais, l'influence allemande a été écartée ; l'Autriche s'est mieux inspirée, dans sa loi de 1872. C'est à notre Barreau français que le Barreau autrichien ressemble dans son incarnation nouvelle. Et croyez, Messieurs, que je ne me permettrais pas à la légère une telle assertion. Je lisais naguère une brochure d'un Avocat hongrois. Elle expose l'organisation de nos Barreaux, leurs traditions, leurs règles professionnelles, leur influence sur la bonne administration de la justice. Les éloges presque sans réserve qu'il leur décerne sont instructifs et si M. *Nagy Dezso* ne conclut pas absolument, il laisse deviner où sont ses préférences, ses modèles.

La Hongrie n'a pas cependant été aussi loin que l'Autriche ; il existe un Barreau, des Chambres d'Avocats ; mais le Ministre intervient dans la nomination de la Commission qui délivre le diplôme d'avocat. A cela près, les règles sont très semblables dans les deux pays (1).

En Russie, au civil comme au criminel, de tristes procès l'ont récemment prouvé, les débats sont publics, et la plaidoirie y occupe une place importante. Une loi des 17 et 29 avril 1866 a posé les premières bases d'un Barreau. Il n'est point encore entièrement organisé, il est peu nombreux, et il plane encore un certain vague sur toute l'institu · tion.

Vous ne serez point surpris, dans ce pays de bureaucratie, de hiérarchie, de rencontrer plusieurs catégories d'Avocats.

Il y a d'abord les *avocats jurés*, les véritables Avocats.

Ensuite il y a les *hommes d'affaires*. La loi accorde aux Tribunaux de première instance le pouvoir d'admettre à leur barre certains personnages qui justifient d'un certificat. Ce certificat (prix, 75 roubles), est délivré par le Tribunal. Mais ces défenseurs ne peuvent exercer leur ministère que devant ledit Tribunal.

____

(1) Loi du 4 décembre 1874.

Troisième échelon. Les Juges de paix se constituent en *plenum* et accordent aussi un certificat moins cher qui donne le droit de plaider devant eux seulement.

Quatrièmement enfin, les Présidents des Tribunaux de commerce choisissent certains défenseurs, et leur donnent le droit de plaider devant leur juridiction. Ces Avocats forment une corporation spéciale, mais le plus souvent ils sont pris parmi les Avocats jurés. Vous reconnaissez ici, Messieurs, une institution presque analogue à celle de nos agréés français que les Présidents de Tribunaux de commerce choisissent à leur gré, qui forment aussi une corporation spéciale et qui sont pris ordinairement parmi les défenseurs, les avoués par exemple, près les Tribunaux ordinaires.

Est-ce tout? Non, Messieurs. En Russie, je vous l'ai dit, les Avocats sont peu nombreux et peu connus. Il n'y a pas, à proprement parler, de monopole de la profession. On peut non seulement plaider soi-même, mais faire plaider par son homme d'affaires, son intendant, son premier domestique. Et cela va si loin que la question s'est posée de savoir si les femmes pouvaient paraître à la barre pour autrui. Rassurez-vous, Messieurs, le gouvernement a répondu non : mais ne vous étonnez pas trop de cette prétention. Elle a été accueillie aux Etats-Unis très favorablement, et je ne vois pas, pour ma part, la grande différence entre une femme médecin et une femme avocat. Vous savez du reste, que les femmes abondent dans les Universités russes. Je n'ai pas à apprécier le rôle qu'elles y jouent, ni à compter les recrues qu'elles ont fournies au nihilisme. Mais je devais vous signaler ce trait parmi les singularités de l'organisation judiciaire russe. Tout y est encore flottant, mal défini entre les restes du despotisme qui s'en vont pièce à pièce et les tendances nouvelles d'un peuple qui a des traditions et pas d'anciennes institutions. Etrange pays, où pour arrêter le développement des procès, on force les parties à consigner un demi pour cent de la valeur du litige et où on voit des procès qui amènent une consignation de cinq cents mille francs (1) où la parole est libre et où manquent les Avocats.

La parole est libre..... comme on est libre en Russie. Mais enfin il y a un Barreau. A vingt-cinq ans, après avoir fait ses études à l'Ecole de Droit et accompli un stage de cinq ans chez un Avocat, le jeune Russe peut se faire recevoir avocat juré près une Cour d'appel, au ressort de laquelle il est attaché. Comme en Autriche, l'Avocat n'a pas de costume spécial, mais il porte un insigne. Ces Avocats jurés forment le véritable Barreau. Les autres défenseurs ne sont qu'à titre provisoire. Il est à croire qu'ils disparaîtront à mesure qu'il se formera près d'eux un corps présentant les conditions de savoir et d'honorabilité qui ne se trouvent pas toujours chez ces défenseurs de Tribunaux infé-

---

(1) Procès contre les fournisseurs de l'Armée russe pendant la campagne de Turquie 1877.

rieurs. En Roumanie on les a récemment re-
poussés des audiences des Juges de paix. Les
Avocats jurés élisent chaque année dans chaque
Barreau, un Président, un Vice-Président et un
Conseil. Ce Conseil est investi de grands pouvoirs.
Il peut suspendre et même radier l'Avocat. Mais
la main de l'Etat se fait encore sentir. Dans les
Barreaux où il n'y a pas assez d'Avocats pour com-
poser le Conseil, c'est le Tribunal qui est chargé
de la police intérieure. Comme en Autriche, le
Juge arbitre les honoraires, et de plus, l'Avocat est
lié par un tarif. J'y noterai l'article qui diminue
les honoraires de l'Avocat perdant le procès et je
vous rappellerai qu'ici encore la distinction n'est
pas faite entre le rôle de l'Avocat et celui de
l'avoué.

Vous le prévoyiez, Messieurs, c'est en Russie
que ma tâche était la plus difficile. C'est là que
l'aurore du Barreau est entourée de plus de nuages.
Mais songez que l'organisation judiciaire sort à
peine du chaos, et n'est point encore appliquée
dans toute la Russie. Songez à cet immense
Empire, à son climat, à la rareté des communica-
tions, à l'existence qui en résulte. Considérez ce
peuple de marchands, de paysans, et de soldats.
Il y manque une classe, amie de la science et pleine
de traditions d'honneur, qui seule peut fournir un
grand Barreau. Elle va naître, elle naît ; riche de
l'intelligence mobile et brillante du Slave, de sa
poésie, de son caractère passionnel. Les hommes
appliqueront ces dons à l'art de la parole, à l'art

de l'Avocat, et grandiront au-dessus des obscurs défenseurs tombés presque au rôle d'usuriers. Les institutions sont ainsi disposées qu'elles n'étoufferont point cet essor. Elles s'amélioreront encore par les réformes que la Russie peut légitimement réclamer, et ces jeunes Barreaux slaves, en Russie comme en Autriche, verront se lever pour eux l'ère glorieuse de nos vieux Barreaux d'Occident !

III

BARREAUX LATINS

Quittons l'Orient, Messieurs, et revenons à l'Occident. Nous allons y rencontrer une race fameuse
entre toutes. Acculés aujourd'hui aux bords de
l'Océan et de la Méditerranée, les Latins ont
jadis dominé sans conteste en Europe, j'allais dire
dans le monde.France, Italie, Espagne. Quels noms,
Messieurs, quelles gloires; A la Rome des Césars,
succède la Rome Catholique. Madrid, comme les ai-
gles héraldiques, tient un monde dans chaque serre.
Paris,enfin,Paris que tous les peuples regardent et
écoutent, dont ils reçoivent avidement les idées
quand elle ne les leur impose pas par les plus fou-
droyantes conquêtes des temps modernes. En Allemagne des luttes intestines ; chez les Slaves,
des guerres obscures et d'horribles révolutions de
palais; chez les Latins, Léon X, Charles-Quint,
Louis XIV, Napoléon. La Renaissance, le Grand
Siècle, la Révolution! Quels temps ! Quels hommes!
De quelle race favorisée ils sont issus! Elle a eu
en partage le génie sous toutes ses formes, et elle
l'a poussé à son apogée. Elle habite sous d'admi-

rables climats qui permettent à l'homme d'acquérir
son plein développement, sans l'énerver ni l'alour-
dir. Elle vit largement de la vie intellectuelle et
savante. Elle est généreuse et féconde ; elle a semé
ses idées et ses hommes. Elle a le plus magnifique
héritage de l'antiquité ; elle l'a cultivé, façonné,
embelli par de nouvelles méthodes. Et j'entends
dire que les races latines meurent, qu'elles sont
usées, que des peuples nouveaux se lèvent et vont
saisir le sceptre échappé de nos mains défaillantes.
Je ne puis le croire ; le génie peut-il s'éteindre,
l'âme peut-elle mourir, et y a-t-il si longtemps
que nous, Français, nous donnions au monde civi-
lisé nos lois et jusqu'à nos caprices !

Si je traitais ici, Messieurs, de l'organisation des
juridictions, j'aurais à vous montrer que ce fut
dans les pays latins qu'apparurent les premiers
Tribunaux réguliers. Je vous dirais, par exemple, les
origines de cette Magistrature Française, si savante,
si honorée, si fière de sa haute mission, si indé-
pendante, si attachée à ses traditions. Il doit en être
de même du Barreau, car là, où il y a de grands
Magistrats intègres et savants, il doit y avoir aussi
de grands Avocats, aux nobles sentiments, à la
parole éloquente. Vous savez l'histoire du Barreau
en France, Messieurs ; sa gloire, ses héros, son influence. Vous savez cette histoire, et vous êtes jus-
tement fiers d'être inscrits dans cet Ordre fameux.
En Italie, en Espagne, en Belgique, vous trouverez
aussi d'illustres Barreaux et une renommée assise
sur des noms comme celui de Daniel Manin.

L'Italie ! Ah, Messieurs, quels modèles son histoire offre aux Avocats d'aujourd'hui ! L'étude du Droit romain fait partie de tous les programmes des étudiants en Droit d'Europe, et le *de Oratore* de Cicéron est lu par tous les Avocats. C'est leur *bréviaire*, comme Plutarque était celui de Henry IV. Mais c'est un lourd fardeau que l'héritage des Avocats de Rome. De plus, l'Italie a été agitée par trop de commotions violentes, a eu trop à poursuivre son unité si récente. Le bruit des armes et des révolutions a empêché d'entendre les luttes du Forum. Vous trouverez dans l'histoire italienne des Avocats fameux, grands patriotes, tribuns éloquents, mais pas de Barreau proprement dit. Au commencement de ce siècle nos institutions, les décrets qui ont reproduit les principales règles de nos traditions séculaires, furent importées en Italie. En 1815, elles disparurent et comme en Allemagne, chaque petit royaume, chaque duché eut ses lois, peu favorables en général à l'indépendance du Barreau. Enfin récemment, le 8 juin 1874, une loi est intervenue qui a vraiment créé le Barreau italien.

Vous rappelez-vous, Messieurs, les traits distinctifs du Barreau Allemand. L'Avocat plaide et fait la procédure ; le salaire est tarifé ; l'Avocat est admis après un examen passé devant des fonctionnaires. Eh bien ces traits, vous allez les retrouver dans le nouveau Barreau italien. Dieu me garde d'assimiler entièrement les deux Barreaux. Les Avocats allemands sont des fonctionnaires.

Les Avocats italiens sont plutôt des agents d'affaires. Mais enfin, l'Avoué, le *procurator*, n'a plus un rôle spécial, et le candidat au Barreau subit un examen devant un jury où siègent un Magistrat et un membre du Ministère public. Ce sont les points caractéristiques de la réforme de 1874.

Les Avocats, comme on dit « *postulent et plaident* ». Le cumul des deux professions est permis. Libre à l'avocat de plaider seulement, libre à lui aussi de faire la procédure et de remplir les deux rôles. Il paraît que ce dernier parti est maintenant unanimement adopté. Les fonctions d'avocat et d'avoué sont confondues près les Tribunaux italiens. Naturellement devait naître la question des honoraires. Comment allait-on régler le double salaire ? Par une disposition très remarquable de la loi que je vous ai citée, l'Avocat, dans une même affaire, ne peut exiger que les honoraires d'avocat ou ceux d'avoué. En pratique, voici comment on procède ; les honoraires sont, en thèse générale, soit fixés par un tarif, soit taxés arbitrairement par le juge qui liquide cette créance. Le juge, à défaut du tarif, doit tenir compte de l'importance du litige, de l'étude et du temps qui ont dû être nécessaire à l'Avocat (1) et détermine ainsi pour ce dernier une véritable créance qu'il pourra réclamer en justice. Eh bien, M. Oliva, rapporteur de la loi, l'a déclaré au Parlement, le juge taxateur devra examiner *chaque acte*. Voici un *exposé de fait*, c'est

---

(1) Art. 370 Code Procédure civile — art. 234 du tarif.

un acte de procureur, tarif du procureur, encore bien que ce soit un avocat qui ait rédigé l'acte. Voici, au contraire, un mémoire, une consultation, alors le juge retiendra l'acte comme acte d'avocat et le taxera comme tel ! Heureusement, le juge a un pouvoir discrétionnaire, sans cela, Messieurs, vous pouvez penser à quelles impossibilités on se heurterait dans cette appréciation et combien un pareil système rendrait difficiles les relations de l'arbitre et du Barreau.

Quelles sont les conditions nouvelles pour entrer dans le Barreau ? Il faut être majeur, avoir reçu d'une Faculté de Droit la *Laura in Gurisprudenza* et n'avoir encouru aucune condamnation plus forte que le *carcere*. En outre, la loi exige un stage de deux ans dans le cabinet d'un avocat. Pendant ce stage, le candidat doit fréquenter assidûment les audiences où sa présence est constatée sur un registre. Notez ici, Messieurs, une différence capitale entre nous et nos jeunes Confrères d'Italie. Le stagiaire Français est avocat; à Rome, il ne l'est pas. Pour être inscrit au tableau, il lui faut encore subir l'examen théorique et pratique dont je vous parlais tout à l'heure. Le jury est composé d'un Conseiller de la Cour, président, d'un Substitut du Procureur général, du Président et de deux membres du Conseil de l'Ordre des Avocats. Sont dispensés de cet examen les magistrats en fonction depuis deux ans, les professeurs de Droit et agrégés après cinq ans d'exercice. Le candidat, qui a subi avec succès l'examen, demande alors au Président du Conseil de l'Ordre du collège où il réside son inscription au tableau. Le Conseil de l'Ordre examine la demande, et notifie sa décision au premier Président de la Cour d'appel et au candidat. Le Ministère public peut appeler de l'inscription devant la Cour, et le candidat appeler d'un refus d'inscription. La Cour juge en la Chambre du Conseil. L'arrêt peut être déféré à la Cour de cassation pour violation de la loi.

L'Avocat inscrit au tableau d'une Cour ou d'un Tribunal peut exercer sa profession devant toutes les juridictions du Royaume, même après cinq ans d'exercice devant la Cour de cassation. La profession est incompatible avec celles de notaire, d'agent de change, avec tout service public salarié, à l'exception de ceux qui se rattachent à l'instruction publique.

Je vous ferai remarquer, Messieurs, que sauf en ce qui concerne les agents de change, les Avocats peuvent remplir des emplois privés, au moins rien dans la loi ne s'y oppose.

L'ensemble des Avocats près d'un Tribunal ou d'une Cour forme *un Collège*. Ce Collège doit être composé d'au moins quinze Avocats. Au dessous de ce nombre, la Cour d'appel désigne le Barreau où ces Avocats seront attachés. Le Collège élit tous les deux ans un Conseil qui choisit dans son sein le Président, le Trésorier, le Secrétaire. Vous le voyez, Messieurs, le Bâtonnier est élu par un scrutin à deux degrés.

C'est au Conseil qu'incombe, dit la loi, le devoir

de veiller à la conservation de l'honneur et de l'in -
dépendance de l'Ordre : de calmer les différends
qui peuvent s'élever dans son sein, de trancher à
l'amiable les difficultés entre Avocats et clients,
relativement aux frais et honoraires. Enfin, c'est
le Tribunal devant lequel sont traduits les Avocats
coupables « *d'abus ou de manquements* ». Il peut
réprimander le délinquant, lui infliger la censure,
le suspendre pour six mois ou plus, ou même le
rayer de l'Ordre. Remarquez, Messieurs, à ce point
de vue, une double différence avec le Barreau
autrichien. A Vienne, le Conseil disciplinaire peut
prononcer des amendes, peines pécuniaires, mais
d'autre part, il est distinct du Conseil de l'Ordre
proprement dit. On a voulu laisser à ce Conseil
comme à nos Conseils de l'Ordre français, un
caractère de juridiction toute fraternelle et toute
morale. En Italie, le Conseil de l'Ordre est un
vrai Tribunal et c'est par huissier que ses décisions sont notifiées aux justiciables. L'appel est
porté devant la Cour, si l'Avocat appartient à un
collège d'Avocat près un Tribunal. S'agit-il d'un
Avocat à la Cour, c'est la Cour d'appel la plus
voisine qui sera saisie.

En quittant l'Italie pour les autres pays latins,
je ne m'arrêterai pas, Messieurs, à la Belgique.
Au point de vue du Barreau, la Belgique est la
France : il y a les analogies les plus frappantes
entre les Avocats comme entre les législations
des deux pays. Je vous signalerai seulement que
l'Avocat belge est docteur en Droit et ne paye pas

de patente. La profession n'est pas un commerce. Récemment on voulut faire voter cette patente, comme on nous l'imposa à nous en 1848. Mais l'Assemblée protesta et la proposition dut être retirée.

L'Avocat peut plaider devant toutes les juridictions du royaume, y compris la Cour de Cassation. Son ministère est distinct, comme chez nous, de celui de l'avoué. Enfin, comme chez nous, le rôle des Avocats dans les affaires générales du pays est considérable et il faut reconnaître que nos Confrères belges, par leur talent et les traditions qu'ils observent, ont mérité, au même titre que notre Ordre, le haut rang qu'ils occupent dans l'estime de leurs concitoyens.

C'est une organisation très analogue que nous allons, Messieurs, rencontrer en Espagne. Les avocats sont séparés des avoués; ils forment des collèges gouvernés par des Conseils élus; la profession est ouverte à tous, sous certaines conditions, et armée d'un monopole assez étroit.

Je vous disais, Messieurs, et c'est une vérité presque banale, que chaque peuple frappe au coin de son génie particulier, les institutions qu'il adopte. Vous allez en trouver encore une preuve. L'Ordre des Avocats débuta en Espagne par des corporations religieuses patronées par l'Eglise, sous l'invocation de San Ibo. Ce sont des ordonnances de Philippe II qui, pour la première fois, en reconnaissent l'existence, le 13 août 1595. Philippe II et les Avocats ! Le Démon du Midi, l'am du Duc d'Albe, le plus ferme soutien de l'Inquisition, aidant à l'organisation de la défense! Il s'étonnera celui qui jette sur l'histoire (1) le coup d'œil distrait du romancier ou du dramaturge, plus encore, celui qui voulant juger un peuple étranger, ne fait point abstraction de ses idées nationales. Il m'a semblé au contraire, rencontrer dans ce fait une nouvelle trace de la grandeur et de la puissance des idées humaines que notre Ordre représente. L'Espagne au XVIᵉ siècle est violemment entraînée dans des luttes gigantesques pour cette monarchie catholique rêvée par Charles Quint, comme par Philippe II, comme plus tard par Louis XIV. L'idée religieuse, ainsi surrexcitée, apparaît comme un sombre et cruel fanatisme. Philippe II en est la plus saisissante expression. L'effort de la nation, effort qui l'épuisera, est intense : à ce point de vue tout est exagéré, anormal, faussé. Mais cette terrible tempête ne peut pourtant suspendre la vie de la nation. Elle vicie, elle tord, pour ainsi dire, les notions du juste et du vrai, du droit et de la liberté. Mais elle ne peut en dépouiller entièrement l'âme humaine ; les courants même qui lui ont donné naissance s'y opposent. Eh bien que voyez vous ! Certes ni les Maures des Alpujarras, ni les Huguenôts d'Anvers n'auront de défenseurs; mais en Espagne, naît une corporation qui contient le germe d'un Barreau. Elle apparaît sous la forme d'une congrégation

---

(1) V. Torquemada, drame par V. Hugo 1882.

religieuse, c'est l'influence des idées du moment. Elle ne prêtera ses services qu'à bon escient, c'est possible, mais si timides qu'ils soient à ce début, le Droit trouvera des champions. Puis les défenseurs s'enhardiront, c'est l'effet naturel de la lutte. Ils dépouilleront leur allure quasi-monastique, et un jour, les passions adoucies, on verra qu'il s'est produit une large trouée par où se sont introduites les maximes de la libre plaidoirie. Tel est, Messieurs, le travail qui s'est produit dans les idées et chez les hommes : à leur insu peut-être, mais dont l'analyse nous donne avec sûreté les progrès et dont nous voyons les féconds résultats. C'est ainsi qu'une congrégation religieuse créée par Philippe II, est devenue le Barreau espagnol. Elle répondait à un besoin social, et l'humanité n'abdique jamais ses droits. Elle a fini par rentrer dans sa voie naturelle. En cherchant la justice, elle a rencontré la liberté !

Les premiers statuts qui régirent le Barreau remontent au 31 mars 1626. Des modifications y furent apportées par les nouveaux statuts de 1717, 1732, 1837 et enfin du 5 mai 1858, aujourd'hui en vigueur (1).

L'organisation actuelle des Avocats n'a plus, vous le prévoyez, aucun caractère religieux. Aujourd'hui, cependant, il reste encore en Espagne

____

(1) Ajoutez la loi du 19 septembre 1870, sur l'organisation du pouvoir judiciaire. Circulaire du premier juillet 1873, loi du 2 février 1881, sur la procédure civile. *Recapitulacion nueva novissima*

des Tribunaux ecclésiastiques, juges des questions de mariage, de séparation de corps, de divorce. Le droit Canon est maintenu au programme des études. L'étudiant sorti des Universités et qui veut être avocat, doit se faire agréer par le Doyen, le *Décano* d'un *Collège* d'Avocats. Une fois reçu dans le collège, il pourra exercer sa profession devant toutes les Juridictions du royaume, *Primera Instancia, Audiencia, Tribunal Supremo*, Conseil d'Etat, Tribunaux ecclésiastiques, etc. Le *Décano* est nommé par le Collège qui doit comprendre au moins vingt Avocats. Il est assisté d'un Conseil de l'Ordre, *Junta de Gobierno*, également élu. Je n'ai point aperçu dans le Barreau espagnol la main de l'Etat. Entre le pouvoir religieux dont s'affranchit bien vite la Congrégation de San Ibo, et le pouvoir civil, respectueux du domaine ecclésiastique, le Barreau me semble être arrivé à l'indépendance de très bonne heure. Une patente lui est imposée, mais elle pèse sur l'*Ordre* et non sur chaque Avocat, ce qui prouve combien ont été étroits les liens de la corporation. Sont dispensés de contribuer les Avocats honoraires et les Avocats des pauvres. Les premiers, *que actualmente no ejercen la profesion*, ont le titre et ne plaident pas. C'est sous cette désignation qu'ils sont portés au tableau. Les Avocats des pauvres, *que ejercen el turno de oficio*, sont choisis chaque année par le Decano parmi les jeunes Confrères surtout. Ils sont tenus de prêter gratuitement leur ministère aux clients sans ressources. J'en trouve cinquante-huit au

Barreau de Barcelone sur 643 membres que comprend l'Ordre des Avocats près cette Cour (1).

Le monopole est rigoureux. Sauf devant les justices de paix et dans les affaires de très minime importance, les parties doivent être représentées par des Avocats. Aussi le nombre des Avocats est-il considérable, et ils jouent dans les affaires publiques un rôle très important. Don A. Martinez, Ministre actuel de la justice, est un des illustres Avocats de Madrid, comme l'ont été la plupart de ses éminents prédécesseurs. Il n'est point du tout question de réformes dans l'Ordre, et les plus hardis voudraient seulement diminuer un peu l'énergie du monopole.

C'est donc un Barreau libre, Messieurs, et vous voyez que des pays Latins, l'Italie seule a pris pour son Barreau les institutions autoritaires de l'Allemagne. Démosthène dirait qu'elle germanise, comme les Athéniens philippisaient. Vous parlerai-je maintenant de l'éloquence des Avocats espagnols, de la langue superbe et sonore qu'un poète du xvie siècle disait seule digne d'être entendue des Dieux? Vous connaissez leurs poètes. Vous dirai-je un mot des traditions de ces Collègues? Vous avez vu l'institution des Avocats des pauvres. Le Conseil de l'Ordre est seul juge des difficultés entre Avocats et clients, Les statuts sont particulièrement sévères en ce qui concerne les honoraires. Autrefois ils furent

____

(1) Lista de 1879.

fixés par la loi. Aujourd'hui l'Avocat en convient
à son gré et la loi déclare qu'ils ne peuvent être
sujets à la taxe. L'Avocat a le droit de les réclamer en justice, et son serment suffit à faire condamner le client. Cette délicate confiance est un
suprême honneur dans ce pays où on ne discute
pas la formule du serment, mais où il est sacré
aux yeux de tous. Vous dirai-je le savoir profond
des Avocats? Messieurs, vous avez lu *Gil Blas?*
vous avez applaudi l'immortel *Mariage de Figaro* !
Ecartez ces souvenirs, la Comédie a le droit de
grossir les traits, et souvent elle en abuse. Auprès
de chaque Collège existent des Académies de droit,
animées par les plus sérieux travaux, et je ne puis
mieux terminer qu'en vous citant le nom du fameux commentateur des lois espagnoles; Don
Grégorio Lupez.

IV.

BARREAU ANGLAIS

S'il est un pays où le Barreau ait dû fleurir, où ait dû se développer cette institution vouée à la défense légale de tous les intérêts, c'est l'Angleterre. La race est merveilleusement apte à ces luttes savantes et patientes ; elle est active, sagace, résistante. Aussi bons logiciens que les Allemands. les Anglo-Saxons sont, de plus, éloquents et positivistes. Leurs syllogismes sont serrés, et ils savent les revêtir des couleurs les plus brillantes. L'esprit national a dû nécessairement faire naître de bonne heure les Avocats. Vous savez combien la vie publique a toujours été développée chez les Anglais. Ils discutent dans les *meetings* comme on doit discuter à Temple Bar, froidement sans s'égarer. L'orateur, l'Avocat, marche droit à son but, faire admettre à ceux qui l'écoutent une idée neuve et juste, un progrès, une théorie de droit. Cromwell fut avocat, je n'oserais pourtant vous dire qu'il fut bon avocat. D'autre part, les institutions politiques noblement libérales qui régissent depuis si longtemps l'Angleterre ont été aussi

favorables à la grandeur du Barreau que le génie
de la race. Ajoutez la conquête Normande qui
amena en Angleterre des hommes animés de cet
esprit proverbial de la Normandie :

Gallia causidicos docuit facunda Britannos.

Songez, qu'une fois née, l'institution a dû être
traitée comme les autres institutions anglaises.
Elle est restée ouverte à tous les progrès dans la
meilleure acception de ce mot, et en même temps elle
a respectueusement gardé les vieilles tradictions,
les vieilles formes. C'est un lustre de plus dans les
solennités du Barreau, et il sait bien n'avoir rien
à perdre de sa gloire à rappeler aux Anglais les
Avocats des autres siècles ! Voilà les éléments que
le Barreau a rencontrés en Angleterre ; voilà les
facteurs, vous devinez le produit. Je crois pouvoir
dire, qu'avec la France, l'Angleterre est le seul pays
doté d'un Barreau comme nous l'entendons,
comme nos anciens nous ont appris à l'entendre.

Je n'ai pas à vous faire ici, Messieurs, l'histoire
du Barreau anglais. Mais je dois pourtant vous
dire la gloire dont il a toujours brillé, sa fierté,
son indépendance. « *En France*, a dit quelque part
M. le sénateur Laboulaye, *le peuple chansonne ses
maîtres; en Angleterre, il plaide contre eux et les fait
condamner* ». Quels procès, que ces procès politiques anglais, quels débats, quelle audace dans
l'attaque, quelle vigueur dans la défense,
quelle grandeur de part et d'autre ! Comme ils
savent, ces Avocats, élargir le débat, écarter les

questions de personnes, mettre en cause la patrie elle-même avec ses libertés traditionnelles ! Avec quelle hauteur de pensée et de parole, ils savent discuter le contrat qui lie le peuple et le Roi. Si la passion les entraîne, elle ne les égare pas, et ils savent reconnaître à l'adversaire les droits qu'ils réclament pour eux. Si les Anglais ont eu une Révolution sanglante, ils n'ont pas eu de loi de Prairial. Si l'opinion du jour frappait l'accusé, c'était après de grands débats que la postérité peut reprendre. Elle peut juger des charges et de la défense, elle n'est pas contrainte par l'horreur à absoudre toutes les victimes.

C'est encore ce caractère de grandeur qui domine dans la plaidoirie criminelle. Vous savez la phrase sacramentelle qui ouvre les débats devant le jury anglais : « *Accusé*, dit le Président, *plaidez-vous coupable ou non coupable ?* » Et plus tard on demande à l'accusé s'il reconnaît bien ce jury comme ses pairs, comme le peuple Anglais lui-même, jugeant sans haine et sans crainte, devant Dieu et sa conscience. Le Ministère public expose le fait plutôt qu'il ne plaide, et il n'y a ni joute, ni question d'amour propre entre lui et l'Avocat. Celui-ci prend à son tour la parole. C'est lui qui a pour ainsi dire dirigé les débats et l'instruction : témoins, pièces, procédure, tout est connu de lui ; il a assisté aux interrogatoires. Dans la défense, il jouit de la liberté la plus étendue, et comme il en est jaloux, et comme il sait en user. J'ai lu, Messieurs, à l'occasion de cette étude, des comptes-rendus de procès criminels importants, je voulais vous en traduire quelques passages. L'heure me presse, et la traduction est impuissante à rendre les traits vigoureux du génie de la langue. Lisez dans Macaulay, le procès de Warren Hastings ; on peut le mettre de pair avec le procès de Verrès, lui aussi proconsul prévaricateur, et le Barreau peut s'énorgueillir de ces deux monuments d'une gloire impérissable.

Pour la plaidoirie civile, des difficultés particulières se présentent à nos confrères de Londres. L'Angleterre n'a pas de Code, C'est dans un arsenal assez confus qu'il faut chercher l'arme qui convient au procès. Il y a la *Common law* la coutume normande, l'*Equity* et ce mot en dit plus qu'on ne pourrait en dire sur les juridictions anglaises. Il y a les statuts des divers princes, c'est-à-dire les *bills* émanés des assemblées à une époque relativement récente. Puis vous rencontrez divers ordres de juridictions, Cour de l'Echiquier, Cour d'Equité, Cour des Plaids communs, Cour du Banc de la Reine, Cour d'Assises, Tribunal des banqueroutes, etc. Chacune avec sa compétence bien distincte. L'Avocat devra donc être un légiste expérimenté. La procédure est confiée à des Avoués, *solicitors* ou *attorneys*. Nous retrouvons enfin la division de la tâche, les deux ministères, celui de l'Avoué et celui de l'Avocat. Et, Messieurs, si les Avocats anglais sont de grands Avocats, les Avoués anglais sont fort habiles. Ils ont une grande influence dans les affaires. C'est de leurs mains que l'Avocat reçoit le dossier ; ils sont les intermédiaires entre lui et le client, plus encore qu'en France. Ils sont, paraît-il, les mieux à même de pousser le jeune Avocat sur la route de la gloire et de la fortune; ou de laisser simplement agir son mérite, ce qui peut ne pas être suffisant. Mais, je vous le disais, les professions sont rigoureusement séparées, au point qu'il est interdit au jeune *barrister* de se faire inscrire comme clerc chez un solicitor.

Le *solicitor* ou *l'attorney* peuvent réclamer leurs honoraires devant les Tribunaux ; l'Avocat pas plus du reste que le médecin, n'a un pareil droit.

Rien de plus singulier, Messieurs, que la façon dont s'opère le noviciat de ce Barreau. Vous avez vu en Allemagne l'examen d'Etat ; ailleurs l'examen devant des Magistrats ; partout enfin l'ingérence plus ou moins voilée de l'autorité publique. En Angleterre, vous allez rencontrer l'application du *self government*. A côté des Universités se trouvent les *Inns*. Les titres universitaires ne sont point indispensables pour être avocat, mais le passage par les *Inns*, est une condition *sine quâ non* de l'admission au Barreau.

L'*Inn*, Messieurs, est une association d'Avocats : les *barristers* en sont membres, et les *students* sont leurs élèves. Elle est gouvernée par ses *benchers* qui forment le Conseil d'administration, le *bench*. Le *bench* règle les études ; fait passer l'examen d'admission aux jeunes Anglais qui n'ont point les diplômes des Universités, organise les cours de

théorie et de pratique, de Droit et de Jurisprudence, et dirige les *readings* sortes de conférences
où les futurs Avocats peuvent entendre les maîtres
du Barreau et se mesurer avec eux. C'est du *bench*
de son *Inn* et seulement du *bench*, que l'étudiant reçoit son diplôme d'Avocat. On parle d'Ordre maître de son tableau. Le bench est tout puissant pour
admettre dans l'Inn qui il lui plaît, et si l'étudiant
a, en droit, un recours devant le juge contre son
bench lui refusant l'entrée du Barreau; en fait, il
n'en use jamais.

L'*Inn* est à la fois une école et une communauté,
une sorte de ruche. C'est dans l'Inn que vivent
les Avocats, de leur vie d'avocat, s'entend. Ils y
ont un appartement, leur cabinet. Les repas s'y
font en commun le plus souvent. C'est comme un
cercle, ou mieux comme un couvent, mais un couvent où règnent le *comfort* anglais et ces recher-
ches de luxe qu'aiment nos voisins d'Outre-Man-
che. Une cotisation assez élevée y subvient. Les
étudiants, entre autres obligations, doivent dîner
un certain nombre de fois dans l'Inn, pendant
les douze *terns* ou les trois ans qu'ils y passent.
Cette coutume a été soigneusement maintenue
pour conserver dans l'Inn les relations de confra-
ternité les plus étroites. Ces réunions ont, dans les
Inns, un caractère particulier d'urbanité mondaine.
L'avocat anglais, cela tient-il au recrutement du
Barreau, est très homme du monde. C'est un trait
que j'ai pu constater, et qu'on oublie trop dans les
ouvrages sur le Barreau anglais. Et selon moi, ce

trait a son importance. L'Avocat ne croit pas indigne de lui, d'ajouter à ses profondes qualités, à
son savoir, à son talent, l'élégance mondaine. Il
veut briller dans un salon comme à la barre.
Les relations des membres de l'Inn sont emprein-
tes de ce caractère qui n'en ôte, je vous l'atteste
d'après de jeunes barristers eux-mêmes, ni la cor-
dialité, ni lecharme.

Voilà notre étudiant au terme de ses trois
années d'études ; il a dîné dans le *hall* de l'Inn ; il
a suivi des cours, passé un examen, enfin ses benchers lui ont délivré un diplôme de *barrister*. Il va,
comme les stagiaires de France attendre les affaires. En général, il entre chez un ancien Avocat qui
le forme à la pratique, qui le fait débuter, mais
qui lui fait payer assez cher cet apprentissage.
Les débuts dans la carrière sont, chez nos voisins
absolument onéreux. Le jeune barrister est souvent dans une situation difficile entre ses obligations, et d'autre part les traditions des benchs très
rigoureuses à l'endroit de la délicatesse. Enfin,
l'Avocat franchit ce mauvais pas. Il devient *utter
barrister* et peut alors être choisi par les benchers
de son *Inn* pour siéger auprès d'eux. Les benchs
en effet se recrutent par eux-mêmes. La Reine
peut lui faire la faveur de le choisir comme Conseil.
C'est un titre absolument honorifique et qui n'en-
gage à rien, mais il donne à celui qui en est revêtu
le droit de porter la robe de soie noire, au lieu de
la robe de laine. Vous le savez, Messieurs, le
costume est en Angleterre très semblable au nôtre ;

il n'en diffère que par la magnifique perruque
Louis XV poudrée à frimas qui orne le chef de nos
confrères de Londres. Enfin, le Conseiller de la
Reine peut être fait sergent, *serjeant at law*. C'est
un maréchalat un peu suranné, auquel on ne pré-
tend guère, et qui tend à tomber en désuétude :

Jusqu'à cette promotion suprême, l'Avocat dé-
pend entièrement du bench de son Inn dont il reste
membre. Le bench peut le poursuivre en justice
s'il ne paye pas sa cotisation à l'Inn ; il peut le
réprimander et même le rayer du Barreau, *disbar*.

Il existe quatre de ces *Inns of Court*, toutes à
Londres ; ce sont Gray's Inn, Lincoln's Inn, Inner
Temple, Middle Temple, et on les appelle : *the
four equal and honourable societies.*

Je dois ajouter, qu'il y a quelques années, en
1872, il s'éleva contre le système des Inns, certaines
protestations. Mais les benchs s'empressèrent d'ac-
complir d'importantes réformes en élevant le
niveau de l'enseignement et en se montrant plus
sévères dans les examens. Aujourd'hui les Inns
sont de nouveau soutenues par l'opinion publique
et résistent victorieusement à toute idée d'in-
trusion de l'Etat dont on les menaçait.

SYNTHÈSE

J'ai terminé, Messieurs, cette revue trop rapide
des Barreaux de l'Europe actuelle, à la fin du xix^e
siècle. Je vous l'ai dit, je ne pouvais que faire une
timide ébauche ; esquisser quelques traits. Les
courts instants pendant lesquels vous m'avez fait
l'honneur de me permettre de vous entretenir, s'é

coulent. Ce temps mesuré sert d'excuse à ma faiblesse de n'avoir pas plus profondément examiné
ces diverses institutions. Mais, avant de finir, lais-
sez-moi jeter sur elles un coup d'œil d'ensemble.
Cherchons quels sont les Barreaux qui se rappro-
chent le plus de l'idéal que nous proposent nos
anciens dans leurs livres et par leur exemple.
Résumons les tendances qui paraissent entraîner
les peuples dans telle ou telle voie, et si je vous
parais bien hardi de m'aventurer ainsi, sans guide,
le premier, sur ce terrain difficile, songez que j'en
ai trouvé le courage dans l'honneur que vous m'a-
vez fait en m'appelant à parler devant vous.

De ce qui précède, Messieurs, on peut à mon
avis, grouper les divers Barreaux européens de
la façon suivante :

En Barreaux *traditionalistes.*
En Barreaux *fonctionnaires.*
En Barreaux *commerçants.*

J'entends par ces derniers les Barreaux ou les
Avocats se considèrent et sont considérés comme
de simples agents d'affaires ; plus ou moins habiles, plus ou moins probes.

Les Barreaux fonctionnaires seront, si vous le
voulez ceux où les Avocats sont demeurés sous
l'influence plus ou moins immédiate de l'Etat.

Enfin, j'appelle traditionalistes les vieux Barreaux, restés fidèles à leurs traditions, indépen-
dants de l'Etat, et se prisant trop haut pour abais-
ser l'art de la plaidoirie au niveau d'un négoce. Ce

sont les moins nombreux, mais aussi les plus célèbres. C'est le Barreau Français, le Barreau Espagnol, le Barreau Belge, le Barreau Anglais. Le type du Barreau fonctionnaire sera le Barreau Allemand, et le Barreau Suisse pourra être placé sans injure dans le groupe des Barreaux commerçants.

Il est bien évident que ces caractères ne sont pas nettement, séparément tranchés dans tel ou tel Barreau. Mais vous remarquerez, qu'en général, les jeunes Barreaux tendent à rentrer dans mes deux dernières catégories. J'en excepte le Barreau Autrichien qui n'est point fonctionnaire et qui devient chaque jour de moins en moins commerçant. Dès qu'il aura des traditions, il sera traditionaliste. Mais voyez tous les autres Barreaux ; presque tous, réglés par des lois modernes, en Allemagne en 1879, en Italie en 1874, en Suisse plus récemment encore. Eh bien, partout, ingérence de l'Etat, diminution de l'indépendance du Barreau, augmentation de l'esprit de négoce. Partout, cumul des fonctions d'avocat et d'avoué, contrôle exercé par la Magistrature ou par un Ministre, sur la capacité de l'avocat.

Parlons de ce contrôle de l'Etat. Quelques-uns l'ont fort loué. Le Barreau, disent-ils, est encombré dans les pays où il est libre. Il n'y a pas à reprocher à l'Etat d'exiger des garanties chez les hommes qu'il recommande à leurs concitoyens en leur confiant le titre d'Avocat. Du moment que l'Avocat a un monopole, l'Etat, dans l'intérêt public, a le droit et le devoir de surveiller la façon dont il en use. Eh bien, la tendance actuelle n'est pas autre chose. Les pouvoirs publics qui interviennent dans les rapports entre Avocats et clients, soit le Ministre, soit les Magistrats, ne font, après tout, qu'assurer l'exécution d'un service public.

Fort bien, et je n'ai rien à dire si l'on comprend ainsi la profession d'avocat. Mais je soupçonne fort que les intérêts du client ne sont point sacrifiés en Angleterre, par exemple, où le gouvernement de la Reine n'a rien à voir avec le Barreau. Qu'il y ait de médiocres Avocats partout, je le crois aisément ; mais que le client soit nécessairement abusé si l'Etat n'y met ordre, c'est là selon moi une conclusion qui ne ressort point forcément des prémisses. De ce que l'Etat n'a point garanti bons Berryer et Jules Favre, cela a-t-il empêché les clients de se confier à eux, et les clients s'en sont-ils mal trouvés ? Vraiment, c'est supposer chez les plaideurs une dose da naïveté bien grande, que de croire qu'ils n'opèreront pas aussi bien que le Ministre de la justice, le triage, la sélection que les partisans du Barreau breveté réclament si fort. Quel est le mieux à même de juger de son intérêt, sinon l'intéressé lui-même ? Le Barreau *ouvert* sera encombré ; c'est possible. Pour s'élever au-dessus de la foule il faudra plus d'efforts ; je le crois. Mais, qui donc y perdra ? Le client verra son affaire mieux plaidée et l'ordre tout entier grandira car, une noble émulation entraînera tous ses membres, chacun suivant ses forces. Il n'y a qu'un intérêt auquel le Barreau libre porte atteinte, c'est celui de l'Etat lui-même. Il veut, en brevetant les Avocats, garder sur eux la haute main et prévenir la résistance qu'opposerait aux empiètements illégaux du pouvoir, un Ordre nourri dans des traditions d'indépendance et exercé à la lutte par ces travaux de chaque jour. Voilà la vérité, et il faut la dire bien haut. Voilà où aboutit, forcément, la tendance que je vous signalais, la tendance où entrent des nations monarchiques comme des républiqes, la tendance que je crois fatale à la gloire du Barreau comme à sa dignité.

Est-ce à dire qu'il faille absolument adopter la thèse contraire, l'idée du *Barreau libre* ? Entendons-nous bien d'abord sur ce mot libre. S'il s'agit de la possibilité que doit avoir tout homme de devenir avocat, oui sans doute. Oui, encore, si l'on entend par là que tout ce qu'on exigera du candidat, c'est qu'il ait satisfait à telles ou telles conditions et cela en dehors de la permission du gouvernement. Mais où faut-il s'arrêter ? Aux Etats-Unis il y a des Sociétés d'Avocats comme il y a des Sociétés de Banque. On y fait très bien commerce de ses connaissances juridiques ou de son talent de parole, sans avoir à en rendre compte à personne autre qu'au client. En Suisse, les Avocats ont des enseignes. Nous sommes loin de nos modestes plaques. Mᵉ Le Berquier raconte, dans son Étude sur le Barreau moderne qu'un Avocat a exposé sur sa porte un tableau représentant la fable de l'huître et des plaideurs. Ce sont des armes parlantes un peu bien risquées. Rien n'égale, paraît-il, le laisser-aller des plaidoiries, si ce n'est les scandales que font naître certains règlements d'honoraires. Aussi vous ai-je fréquemment parlé de tarifs, de taxes, de magistrats chargés de mettre le holà entre avocats et clients. Là on est venu se heurter à un autre écueil. L'Avoué a disparu, l'Avocat est devenu agent d'affaires ; le Barreau est supprimé. Il reste des hommes de loi, ou plutôt de procès. Voilà le résultat de la seconde tendance que je vous signalais, ces résultats qui portent, d'après les écrivains français les plus récents, une grave atteinte à la grandeur du Barreau italien.

Faut-il donc absolument tomber dans une de ces erreurs, la bride du Pouvoir ou le désordre? Mon Dieu, Messieurs, en étudiant les projets de réforme d'une part, les faits de l'autre, je me suis demandé comment on faisait pour ne pas voir l'évidence, pour négliger les exemples les plus salutaires! Mais nous connaissons des Barreaux libres et honorés, qui ne relèvent pas du gouvernement et qui donnent l'exemple du talent et de la délicatesse la plus exquise. En France, en Belgique, en Angleterre, le Barreau est libre, sans contredit. Le candidat doit présenter pour être admis certaines conditions de savoir. Peu importe, à notre point de vue, comment on les constate. L'Ordre le reçoit ou le rejette. S'il croit qu'on lui fasse grief, il peut s'adresser aux Magistrats de son pays. Mais il ne viendra à l'esprit de personne de traiter d'immixtion

de l'Etat, l'arrêt que rend une Cour d'appel française sur la décision d'un Conseil de l'Ordre se
refusant à admettre un licencié en droit et encore
vous savez que les Barreaux ont longtemps pro-
testé contre cette jurisprudence ! Donc liberté à
l'entrée de la profession. Pendant son exercice liberté aussi, sauf que les actes de l'Avocat sont soumis à une sorte de Tribunal d'honneur. Il connaît
ses juges, il les rencontre chaque jour, il les a élus.
Qui donc oserait traiter d'entrave à la liberté de la
profession la tutelle fraternelle d'un Conseil de
l'Ordre, ou du bench d'une Inn of Court. C'est relever les corporations, s'écrie-t-on, c'est créer un
monopole ! Grands mots, bien vides. Monopole !
Mais quiconque est homme de loi chez nous peut
être Avocat. On exige un diplôme, c'est vrai. Mais
outre que la preuve est bien légère, le Conseil de
l'Ordre ne peut être tenu de croire sur parole
l'homme qui veut être Avocat et qui se dit en pos-
séder toutes les qualités ! Mais il y a Ordre fermé,
privilège, costume, atteinte à l'égalité ! Voilà ce
que j'ai lu, Messieurs, vous l'avez lu comme
moi. L'an dernier, à pareil jour, Monsieur le
Bâtonnier Genton vous exprimait à ce sujet ses
craintes patriotiques. Mais si jamais elles se réali-
saient, le Barreau manquerait-il d'ardents défenseurs. Dans son sein, s'élèverait-il une voix pour
rejeter nos traditions et demander à redescendre
au rôle de ces Chicaneau dont rit la Comédie. Au
dehors, le pays tout entier ne soutiendrait-il pas
ce grand Barreau, champion infatigable de ses

libertés! Ah, Messieurs, quand on compare à ce point de vue, nos institutions et les institutions étrangères, quand on suit l'effet de certaines réformes, et quand on entend en demander de semblables, propres à avilir et non à affranchir, propres à préparer pour toutes les tyrannies un ordre qui jusqu'ici a été contre elles le plus fort des remparts, on peut s'étonner. On peut s'indigner d'une audace injuste et ingrate, on peut craindre l'épreuve, mais peut-on douter du succès? L'orage passera, s'évanouira comme il s'est évanoui déjà, il sera moins rude encore, et nos vieux Barreaux resteront debout entourés d'une nouvelle gloire. Leurs défenseurs auront une belle tâche. Ils pourront plaider *pro domo sua*, car ils plaideront appuyés sur les traditions les plus pures, soutenus par ces morts dont les noms sont toujours vivants. Ils pourront être fiers de leurs drapeaux, car ils y trouveront écrits, sans tache et sans ombre, ces mots: Science, Honneur, Liberté.

FIN

Au Bluizard, le 28 octobre 1882.

OUVRAGES CONSULTÉS

Taine (de l'Académie française) *Origines de la France contemporaine* ;

— *Histoire de la littérature anglaise.*

Annuaires de la Société de Législation comparée.

Bulletins de la Société :

> N° 9. Etude de M. G. Sallantin (1878). — *Barreau
> Anglais.*
>
> N° 7. Etude de M. H. Barboux, ancien bâtonnier de
> l'ordre des avocats, près la Cour de Paris (*Bar-
> reau Italien*).
>
> Etude de M. Favey, procureur de la République, à
> Lausanne (*Barreau Suisse*, 1881).
>
> Etude de M. Godefried, ancien ministre de la justice
> en Hollande (*Barreau Hollandais* 1880).
>
> Etude de M. Dubarle (*Barreau Allemand*).
>
> Etude de M. Vainberg, avocat : *De la profession
> d'Avocat en Prusse* (1869).

*Frei Advocatur, Die este Forderüng aller Justiz reform in
Preussen*, par le Dr Gneist, Berlin, 1867.

La Justice et les Avocats en Bavière et en Allemagne, par
M. Zink, président de la Cour suprême de Bavière, 1861.

A. Esquiros : *L'Angleterre et la Vie anglaise* (*Revue des
Deux-Mondes*, 1868).

Consolidated regulations of the several societies of Lincoln's Inn, the Middle temple, the Inner temple and Gray's Inn.

Commentaries on the laws of England (partly founded on Blackstone by H. Stephen.

Manuel pratique de Procédure anglaise.

Warton's law Lexicon.

Duchaine et E. Picard : *Manuel pratique de la profession d'avocat en Belgique.*

Tissot : *La Russie et les Russes.*

Nagy Dezso, avocat à Budapesth : *A Francia ugyvedseg,* 1881, (compte-rendu de M. P. Dareste).

Le Berquier, avocat à la Cour de Paris : *Etudes sur le Barreau moderne.*

Lista de los abogados del ilustre colegio de Barcelona.

Note communiquée par M. le Docteur M. Neuda, avocat à Vienne (Autriche).

Note communiquée par Don Manuel Maranon, docteur ès lois, avocat, juge de paix à Madrid, secrétaire de l'Académie royale de législation.

Note communiquée par M. J. Jerrold, solicitor à Londres.

Note communiquée par Me Palmarini, avocat à la Cour de Lyon.

Note de M. J. Serebrianny du barreau de Saint-Pétersbourg, communiquée par M. J. Laville.

Lyon. — Imp. Mougin-Rusand, rue Stella, 3.

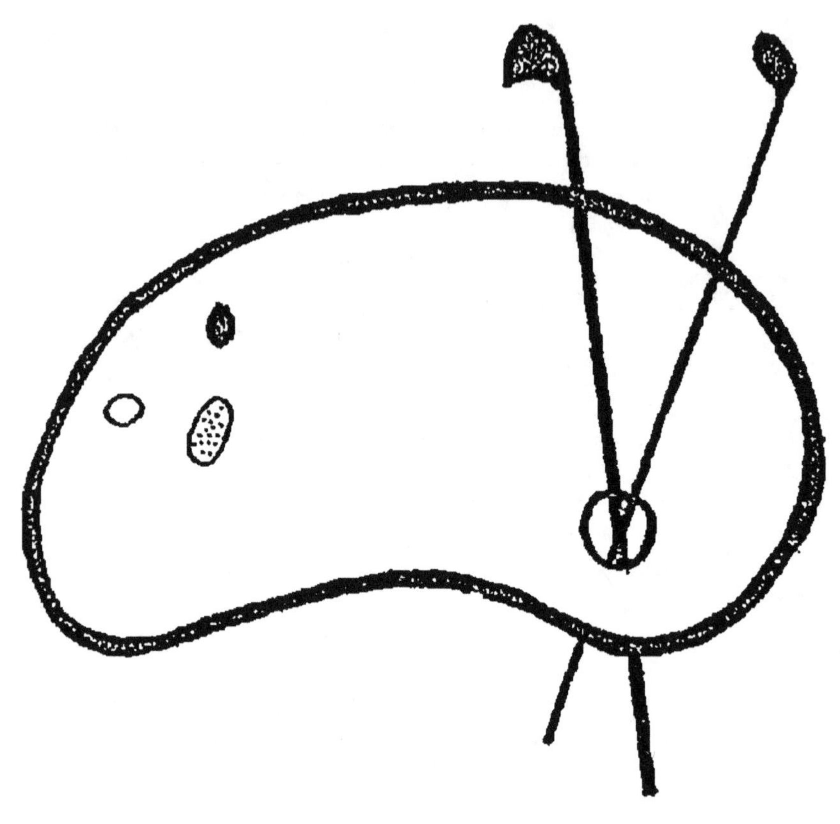

ORIGINAL EN COULEUR
NF Z 43-120-8